AF279323

Este libro jamás hubiese visto la luz de no haber sido por la conexión de dos amigas de la infancia a las que el protagonista de este cuento volvió a unir.

Quiero dar las gracias también a mi pequeña hada madrina por hacer todo lo posible porque este sueño se hiciera realidad.

*Y, por supuesto, no puedo dejar atrás a la asociación **Unidos por el Alto** y la empresa **Atalaya Mining**, por sus ayudas.*

Pero, sin lugar a dudas, ¡este libro se lo dedico a mis hijos! Ionut, que me inspiró a crear a Kiko y a Ander, el que me hizo escribir esto para explicarle las cualidades de su hermano. Y a mi marido, por creer siempre en mi capacidad de escritora.

Mi familia es mi inspiración, mi motivo para conseguirlo todo, son los que me demuestran que la vida, aunque no sea como uno imaginaba, es maravillosa.

Tengo un amigo que se llama Kiko.

¡Él es muy especial! Su juego
favorito es disfrazarse. Algunos
días puede llegar a cambiar de
disfraz muchísimas veces.

Sus disfraces no siempre son
bonitos, pero a él le ayudan
a expresarse porque habla
muy poquito.

1 2 3 4 5 6 7 8 9 10 11 12 13 14 15 16 17

Cuando está muy alegre y contento, se pone el disfraz de mariposa y, moviendo sus brazos muy muy muy rápido, revolotea por toda la clase.

También le gusta mucho disfrazarse de ranita y saltar entre sus amigos cuando todos estamos sentaditos haciendo la tarea.

Cuando está enfadado, parece
un gorila, dándose golpes en
el pecho, tirando los juguetes
al suelo y poniéndose de color
rojo como el fuego.

El disfraz que menos
me gusta de él es
cuando usa el de
canguro boxeador, ese
duele un poquito...

Algunos días, a mí me gusta disfrazarme con él, ¡es muy divertido! Y a Kiko, eso le hace tan feliz que se pone dos o tres disfraces al mismo tiempo.

K

Yo creo que el animal
favorito de mi amigo
Kiko es el camaleón
porque puede cambiar
mucho y muy rápido,
como él.

Kiko es único, Kiko es
maravilloso, la seño
dice que tiene autismo,
yo eso no sé lo que es,
para mí, ¡Kiko es mi
amigo camaleón!

© Barinia María Alonso Rodríguez (de la obra)
©Apuleyo Ediciones (de esta edición)
Primera edición en Apuleyo Ediciones: Diciembre 2024
Diseño de cubierta: Alejandro Rosas
Corrección: Aitor Andreu Guerrero
Maquetación: Alejandro Rosas
Ilustraciones: Ana María da Silva Cardoso
Coordinación editorial: Isidoro Cidre González
info@apuleyoediciones.com
www.apuleyoediciones.com
ISBN: 978-84-1060-358-5
Depósito legal: H 419-2024

Hecho e impreso en España.